NOUVELLE DISSERTATION
SUR
LA RECHERCHE
DE LA VERITE'

Contenant

LA REPONSE
A
LA CRITIQUE
DE
LA CRITIQUE
DE LA
RECHERCHE
DE
LA VERITE'.

Où l'on découvre les Erreurs des Dogmatiftes, tant Anciens que Nouveaux.

Avec une difcution particuliere du grand Principe des Cartefiens.

A PARIS,

Chez Robert J. B. de la Caille, ruë Saint Jacques, aux trois Cailles.

M DC. LXXIX.

AVEC PRIVILEGE DV ROY.

AVERTISSEMENT.

'AY differé jufqu'à prefent à donner cette Réponfe au Public, afin de voir fi je pourrois m'en exemter ; mais ayant reconnu que dans les Affemblées des-Sçavans , & dans les Compagnies où l'on parle de Science, on dit fouvent les mefmes chofes qui font contenuës dans le Livre que l'on examine icy : Je me vois obligé de répondre non feulement à fon Autheur , mais encore à quantité de perfonnes d'efprit qui entrent dans fes fentimens, quoy qu'ils ne l'ayent peut-eftre jamais confulté.

des éclaircissements tout

differents : c'est que la Re-

cherche de la Verité con-

siste proprement dans cette

sorte de Dissertations.

Il ne faut pas s'imaginer

que chercher la verité soit

autre chose que proposer &

resoudre les difficultez qui

peuvent empêcher que l'on

ne trouve ce que l'on cher-

che. On ne veut pas con-

clure de là qu'on soit obligé

de remarquer en détail tou-

tes les difficultez que les res-

prits ſe peuvent former en
particulier : ce ne ſeroit jamais fait, & le nombre des
Critiques deviendroit infiny
s'il falloit découvrir les erreurs de tous les Livres des
Philoſophes , quoy qu'on
doive avoüer neanmoins
qu'il n'y a rien de ſi propre à
perfectionner le jugement
que de bonnes Critiques ſur
quelque matiere que ce ſoit,
& ſurtout ſur celle-cy qui
fait la plus belle & la plus
legitime occupation des
hommes : En effet, les hommes ſont nez pour chercher
la verité, & ſi on y préd garde
toutes les profeſſions de la vie
Civile, ne tendent qu'à leur
acquerir un repos d'eſprit &
de corps, qui leur donne la
liberté de s'adonner uniquement à perfectionner leur

raison , & à cultiquer la
meilleure partie d'eux mêmes , mais on ne sçauroit
se dispenser de remarquer
les défauts communs , & si
on le peut dire ainsi, les
erreurs essentielles qui ar-
restent les Philosophes , &
qui les reduisent à l'impos-
sibilité de reüssir dans leurs
desseins. C'est ce qu'on a
tasché de faire par la Critique de la *Recherche*. Et
l'on ne conteste pas que les
sujets qu'on y traite , ne
soient du nombre de ceux
que les Philosophes sont
obligez d'examiner indis-
pensablement. Il n'y a personne qui juge qu'on ne
sçauroit s'exemter de sçavoir ce que l'on doit re-
soudre touchant les juge-
ments qui viennent de nos

fenfations, touchant les demonftrations, les vray-femblances, la regle generale
pour les fciences ; enfin,
touchant les autres articles
de la Critique.

Il eft donc neceffaire
que les Philofophes exami-
nent ces chofes, & quoy
qu'ils faffent, ils font obligez, ou de demeurer incef-
famment dans l'erreur &
dans la diffention, ou de
refoudre une bonne fois ces
difficultez.

Cependant, on peut di-
re que ce qu'on a écrit de
part & d'autre, contient
les fentimens les plus ordi-
naires, & les veuës les
plus generales qui gouver-
nent les efprits du temps,
jufques-là que ces Criti-
ques ou réponfes ne font

qu'un compofé de Medita-
tions toutes digerées qui reprefentent les premieres dé-
marches que l'efprit a coûtu-
me de faire dans le chemin
de la Verité , & qui luy tra-
fent pour ainfi dire un plan
ou une carte vifible de cette
recherche, ce qui luy fert du
moins à reconnoiftre fes défauts en éprouvant les differentes fituations dont il eft
incapable.

C'eft en de pareilles cir-
conftances que Mr. Defcartes fe pleint de ce qu'on demandoit de luy qu'il reduifit
fes Meditations en forme de
Theoremes de Geometrie;
parcequ'il eftoit perfuadé
que fes Lecteurs devoient
recevoir plus de fruit de fes
Meditations de la maniere
qu'il les avoit conceuës, que

de la façon qu'ils souhai-
toient qu'elles fussent. *Il-*
lum scribendi modum præ cæ-
seris elegi, dit-il, *ex quo mihi*
persuadeo lectores plus utilita-
tis esse percepturos : quam ipsi-
met sint animadversati. Cum
è contra ex modo scribendi syn-
thetico, plura sibi videant di-
dicisse, quam re vera didicerunt.

Me-
taphy.
ad se-
cundas
objec-
tiones.

La plûpart de ceux qui
cherchent ou qui deman-
dent de chercher la verité,
ne sçavent ce qu'ils deman-
dent ou ce qu'ils cherchent.
Les uns ne sçauroient souf-
frir qu'on leur découvre ce
qui leur manque, on les
chagrine quand on tâche de
leur ouvrir les yeux, & comme ils se plaisent dans leurs
anciennes erreurs, on ne
sçauroit leur arracher leurs
prejugez sans leur faire une

extreme violence. Les au-
tres font tellement avides
des chimeres qui accompa-
gnent ordinairement les
nouvelles hypotheses qu'ils
meriteroient qu'on s'appli-
quaft à leur en donner autant qu'ils fouhaittent, il y
auroit du plaifir à les faire
entrer en des fyfthemes contraires, & à les obliger de
condamner eux - mefmes
leurs propres decifions :
mais on aime mieux leur
épargner cette confufion, &
ne les point irriter en un
temps où ils font paroî-
tre quelque peu de coura-
ge pour la recherche de la
verité.

On les avertit feule-
ment qu'ils prennent garde
que pour acquerir les lu-
mieres qu'ils fouhaitent, il

ne faut pas qu'ils s'atten-
dent à ces grandes Me-
thodes qu'ils se figurent
comme remplies de defini-
tions, capables de les ins-
truire d'abord par la simple
intelligence de leurs termes. Ils ne considerent pas
que l'éclat de tant de divi-
sions ne sert qu'à les sedui-
re, & à leur fournir de
grandes sources d'erreurs
dans une occasion où le
moindre égarement suffit
pour les éloigner d'une dis-
tance infinie de l'objet qu'ils
embitionnent de posseder.
Il faut donc qu'ils tâchent
de se persuader qu'on doit
aller avec beaucoup de cir-
conspection à la découverte
de la verité, que ce n'est
que pas à pas que l'on peut
avancer dans cette carriere,

qu'il est neceſſaire de s'ar-
reſter autant qu'il le faut
dans la diſcuſſion des pre-
miers principes, avant que
de s'engager plus loing, &
que ſi on ne peut enfin ſe
reſoudre à mediter, il eſt
inutile de Philoſopher.

RÉPONSE

A LA
CRITIQUE
DE LA CRITIQUE
DE LA
RECHERCHE
DE LA VERITE.

LETTRE.

MONSIEUR,

E que vous avez pris la peine d'écrire sur ma Critique, m'oblige de m'expliquer touchant plusieurs s j ts, & de vousfatisfaire entieremet t si je le puis sur la con-

A

duite de ce petit Ouvrage : je ne
doute pas, que le Public n'aprouvé affez l'inclination que j'ay à
m'acquiter de ce devoir : parceque vous avez proposé des chofes
dont les fuites font de fi grande
importance , qu'il femble qu'on
ne fçauroit s'occuper plus utile-
ment qu'à examiner les refl_ctions
que vous avez faites. Mais qui ne
feroit attiré par ce que vous pro-
mettez dans vôtre Titre , lors que
vous declarez d'abord que vous
allez *découvrir le chemin qui conduit aux connoiffances folides ?*
Pour moy je vous avoüe que je me
croiray fort obligé à ma Critique ,
fi elle vous a donné occafion de
m'aprendre ce que je tâche de
fçavoir depuis fort long-temps.

Permettez donc , MONSIEUR,
que j'examine ce que vous propofez , pour nous dégager des erreurs
dans lesquelles vous croyez que
nous fommes tombez ; ou pour
nous donner des lumieres que l'on
peut appeller *les connoiffances foli-*

des dont vous parlez.

Je déclare d'abord que je ne pretends point favoriser ma Critique plus que la vôtre, & qu'il m'est entierement indifferent de quel côté le jour me vienne, pourvû que j'en aye assez pour me conduire dans tous les chemins, & dans tous les détours où vous soûhaitez de me faire entrer.

Je ne demande pas que vous receviez ce préjugé à mon égard; je sçais que vous avez quelque sujet de vous défier d'un homme dont vous attaquez les sentimens: mais je veux que la suite vous fasse connoître que les Academiciens sçavent conserver l'équilibre, & que la méme raison qui les oblige de s'opposer à toutes les decisions precipitées, les engage aussi à ne prendre interest qu'à la deffence des veritez entierement incontestables.

Du deſſein de la Critique.

L A premiere choſe que je re-
marque dans vôtre Critique
eſt que vous condamnez le deſſein
de la mienne.

Pag. 5. *Au lieu qu'il ſemble, dites-vous,
qu'on devoit ſe joindre à cet illuſ-
tre Ecrivain, ſçavoir à l'Auteur
de la Recherche de la Verité,
pour l'aider à bâtir quelque choſe
de ſolide, ſoit en corrigeant ſes
fautes, s'il en a faites de conſide-
rables, ſoit en pouſſant plus loin
les découvertes qu'il pourroit avoir
faites : il s'eſt trouvé un Academicien qui attaque tout le deſſein
de ſon Livre, & qui s'êtant rem-
ply de l'eſprit de ſes fameux Prede-
ceſſeurs qui faiſoient êtat de ſuſ-
pendre leur jugement en toutes choſes, employe les vieilles raiſons de
ſa ſecte, pour empêcher l'effet de
celles qu'on a trouvées en nos jours,
&c.* C'eſt ainſi que vous rejettez
les raiſonnemens de la Critique,

comme s'ils étoient contraires à la Verité que l'on cherche.

Permettez moy de vous dire, MONSIEUR, que vous n'avez pas consideré ce qu'il y a de plus formel dans la Critique touchant le dessein dont vous parlez. Car je declare positivement que le dessein de chercher la Verité, *me paroist tres-considerable, & que je ne crois pas qu'il soit facile d'en for-* *Page 2.* *mer de plus importans.* Je me plains ensuite *de ce que tres-peu de personnes ont entrepris la même chose que l'Auteur de la Recherche.* Jugez, MONSIEUR, s'il y a de l'apparence que j'attaque un dessein dont je fais connoître autant que je puis l'importance & l'utilité? Les cinq premieres pages de la Critique, ne sont remplies que de témoignages de l'estime que je fais de cette grande entreprise ; & si vous aimez mieux voir en abregé ce que je me suis proposé dans la Critique, vous pouvez remar-

-quer que j'avertis avant que de parler de la premiere fuppofition Page 19. *que je diray que ce que je croiray utile pour les entreprifes que l'on pourroit former fur un fi beau fujet:* C'eft ainfi que je nomme la Recherche de la Verité. Donc je n'attaque pas un deffein pour l'avancement duquel je travaille uniquement.

Je pourrois vous dire qu'il n'y a pas un Article dans l'Ouvrage, dont je parle, qui ne montre que je tâche d'avancer la découverte de la Verité.

Ce que je dis des jugemens des fens, de ceux de la volonté ou de l'entendement, de la regle generale les fciences, des vray-femblances & des demonftrations, des Eftres d'un troifiéme genre, & de la maniere dont nous connoiffons les chofes qui font hors de nous ; tout ce que la Critique a de füeillets & de pages, vous peuvent donner des confirmations de ce que je foûtiens icy.

Enfin lorſque je fais état , de
ne me conduire que par demonſtration, de bien diſcerner les choſes que
je ſçais, de celles que je ne ſçais pas,
& de chercher toûjours des connoiſſances nouvelles : je fais connoître
aſſez ouvertement que mon deſſein
n'eſt pas de m'oppoſer à la Recherche de la Verité.

Aver-
tiſſement
Page 7.

Cela eſt ſi viſible que j'aurois
crû qu'il m'eut été inutile d'en
parler icy , ſi je ne ſoûhaitois de
vous donner encore des marques
du deſir que j'ay d'avancer ce même deſſein , duquel vous me re-
preſentez comme ennemy juré.

MAIS je fais paroître le ſuccés
de la Recherche fort difficile, &
j'avoüé même qu'on *peut douter
s'il eſt poſſible !* Il me ſemble que
je le dois repreſenter tel qu'il eſt
effectivement , ſans craindre de
décourager, comme vous dites que
je le fais, *ceux qui employent toutes les forces de l ur eſprit à perfe-
Ctionner les ſciences.* Il ne ſert de

OBJEC-
TION
ET
REPON-
SE.

rien de leur déguiser la grandeur
& la difficulté de leur entreprise,
il faut au contraire les obliger à
la considerer de prés , & à ne se
point remplir l'esprit d'une pre-
somption qui ne sçauroit manquer
de leur nuire. Les *encourager* à s'a-
vancer dans les chemins qu'ils ont
choisis d'abord , c'est le plus souvent les *encourager* à se precipiter
dans des erreurs dont ils ne sorti-
ront jamais.

Page 5.   Cependant de la maniere que
vous en parlez il semble que vous
croyez qu'en changeant quelque
chose dans le Livre de la *Recherche*,
on pourroit sauver le corps de cét
Ouvrage , & le regarder apres cela , comme un moyen tres-assuré
pour découvrir aux Hommes ce
qu'il y a si long-temps qu'il cherchent. Mais je puis dire que vous
ne considerez pas. . . . .

*Que les Propositions de la Re-
cherche de la Verité, doivent
avoir tant de connection entr'elles, que s'il y en a seulement une seule de fausse, toutes les autres ne sçauroient
subsister.*

ON peut tirer des conclusions
veritables de fausses premisses
disent les Peripateticiens, mais ces
conclusions comme ces Philosophes le reconnoissent aussi, ne sont
pas veritables par la force des premisses dont on les a tirées, c'est
par d'autres raisons qu'elles se trou-
vent vrayes : elles le sont sans le
secours de l'argument dont on les
fait composer une partie.

Mais quand nous cherchons encore la Verité, quelques vrayes
que les choses soient en elles-mé-
mes, nous les devons toûjours regarder comme incertaines, jusques

*Exiguus
in prin-
cipio er-
ror ijsqui
à veri-
tate de-
flectunt,
si longe
processe-
rint, in-
finitus
evadit.*
Arist. in
Analy.

Critiq.
Pag. 20.

à ce que nous ayons reconnu que
ce sont de legitimes consequences
des Veritez qui nous sont claires
naturellement, qui est ce que nous
devons seulement supposer lors
que nous cherchons encore la Verité. D'où il s'ensuit que si ces consequences sont appuyées sur quelque principe qui ne soit pas inse-
parablement uny à ces premieres
Veritez, si elles en peuvent être
détachées en un seul endroit, il
en est de même que d'une chaîne
qui cesse d'être utile pour tirer les
poids ausquels elle est attachée,
lors que quelque anneau de ceux
qui la composent se trouve rom-
pu.

C'est en vain que sans prendre
garde à de pareils défauts, nous
voulons étendre plus loin nos connoissances! Quelque grand systéme que nous formions dans la suite, & quelque liaison qu'il y ait
apres entre leurs parties, nous n'a-
vons qu'un amas de pensées dou-
teuses qui sont d'autant plus capa-

Voyez la Réponse à la Recher- che. Art. 4.

bles de nous feduire, qu'elles fem-
blent conferver entre'elles un or-
dre mieux fuivy avec une plus
grande apparence de folidité.

Si on change donc quelque Pro-
pofition de la *Recherche* (pourvû
qu'elle ne foit pas entierement in-
cidente) il eft certain qu'on en
renverfe la fuite. Il n'en eft pas de
cét Ouvrage, comme d'une piece
de Retorique, ou d'un difcours
d'eloquence. C'eft une chofe que
vous n'ignorez pas, MONSIEUR,
mais permettez-moy de vous dire
en paffant que le mot de *faute*,
que vous attribuez à ce qu'il y peut
avoir de deffectueux dans ce Livre, me femble un peu trop rude,
c'eft auffi ce qui m'a obligé de ne
point employer ce mot dans ma
Critique: au lieu que je n'ay point
fait de diffulté de me fervir de
celuy de *défaut*.

Il y a cette difference entre ces
deux mots que l'un marque une er-
reurqu'on auroit pu éviter. Ce qui
ne doit être attribué qu'à ceux qui

negligent de faire ce que leur raison leur dicte. Mais l'autre mot
peut avoir un juste fondement
dans les actions même de ceux qui
font le mieux qu'ils peuvent suivant les circonstances qui les accompagnent. Ainsi je croirois facilement que l'Autheur de la *Recherche* auroit *employé toutes les
forces de son esprit pour perfectionner
les sciences.* Cela posé comme vous
le dites, je ne vois pas qu'il me-
rite aucun blâme.

S'il a manqué en de certains endroits, cela vient de ce que les
hommes n'ont pas encore toutes
les lumieres qui leur seroient necessaires pour aller droit à la Verité,
& pour assurer leur pas par un endroit qui leur est encore inconnu.

Je ne fais donc point de difficulté de dire que la lecture de la
Recherche, peut-être agreable &
utile, quoy qu'elle contienne les
défauts que j'y ay remarqué. Qu'elle puisse être agreable, c'est une
chose qu'on ne s'avisera pas de me
contester,

contester, car outre que l'experience le fait assez voir, il faut avoüer que ce qui peut faire agréer des matieres telles que sont celles de la *Recherche* se trouve dans ce Livre.

Mais comment ce Livre peut-il être utile, dira-t-on, si on y trouve des défauts qui empéchét de découvrir la verité? Je répondrois à cela que quoy qu'il ne suffise pas pour le grand succés qu'il regarde, du moins il est bon pour mettre les esprits dans un meilleur état qu'ils ne sont communement, il sert à s'éloigner de quantité d'erreurs qu'il est toûjours bon d'éviter, quoy que ce ne soient pas toutes celles ou l'on est engagé.

D'ailleurs ce Livre n'est point la source des défauts qu'on y a reconnûs, il les emprunte des sentimens du temps; & c'est en cela qu'il n'est pas nuisible, puis qu'il trouve les esprits dé-ja remplis des erreurs qu'il pourroit causer; au lieu que d'autre part il est avantageux lors

B

qu'il sert à éviter d'autres erreurs, dont on doit toûjours s'é-
loigner.

Mais la même raison qui a obligé l'Auteur de la *Recherche*, de
combatre les préjugez qu'il tâche
de détruire, m'oblige aussi de faire
connêtre d'autres préjugez qui sont
contenûs dans son Livre. D'autant
plus qu'étant moins apparents, ils
ont pour la plûpart trompé jusques
icy tous les Dogmatistes, & qu'ils
produiront encore les erreurs de
tous ceux qui s'en laisseront sur-
prendre.

Adjoûtez qu'il y avoit assez d'apparence qu'il se trouveroit peu de
personnes qui voulussent prendre
le party des Academiciens, en com-
batant des préjugez qui sont peut-
être plus anciens qu'on ne s'imagine. On a donc cru qu'on ne feroit
pas une chose des plus inutiles de
découvrir les grandes sources des
erreurs des Philosophes, & de dis-
tinguer les chefs principaux ausquels ils peuvent reduire toutes les

difficultez qu'ils doivent furmon-
ter, pour acquerir les connoiffances évidentes qu'ils cherchent :
afin qu'ils voyent du moins ce qui
leur manque, & à quoy ils fe doivent premierement ocuper dans
leurs eftudes.

Cependant fi on a remarqué dans
la Critique qu'il falloit réfoudre
toutes les difficultez des Academiciens & des Pyrrhoniens, ce n'eft
pas qu'on veüille obliger à faire
de gros volumes pour répondre en
détail à toutes les objections que
l'on pourroit tirer des Livres de
Platon, par exemple, & de Sextus
Empiricus. Il fuffit de reduire ces
objections à quelques principes
generaux que l'on confidere enfui-
te comme les feuls fujets que l'on
doit examiner pour fatisfaire à ces
objections. C'eft ce qui paroît un
peu difficile à exécuter, & neant-
moins c'eft ce que l'on peut dire qui
eft dé-ja fait : puifque les chefs de
la Critique, font comme autant de
principes aufquels on peut rapor-

Neceffe
eft pri-
mùm bene
dubitare.
Arif.
Metaph.

ter toutes les objections des Academiciens & des Pyrrhonniens.
Outre cela on y fait connoître les
nouvelles difficultez que les nouveaux systémes ont adjoûtées à
celles des Anciens, & je ne crois
pas d'ailleurs qu'on doive se plein-
dre de l'étenduë de cette Critique. Comme je suis persuadé que
les plus courtes refutations sont des
meilleures, je me suis étudié à faire un abregé de ce qui auroit pû
composer un assez gros volume,
& cela en rend toutes les parties
si necessaires que l'on y trouve peu
de raisonnemens qu'on en puisse
retrancher.

SUR LA PREMIERE SUPPOSITION.

Contraire au deffein de la Recherche.

CE que j'ay répondu à l'Auteur de la *Recherche*, m'exempte de vous répondre, MONSIEUR, si amplement que je l'aurois pû faire sur les Articles de la Critique, je remarqueray les endroits ou l'on pourra trouver ce qu'il seroit ennuyeux de repeter icy, & je m'arrêteray seulement à ce qu'il y a de particulier dans vôtre Critique.

Je n'ay dé-ja rien à dire sur cette supposition que ce que j'ay dit dans la réponse que je vous cite.

On connoît quelque chose qu'on peut attribuer à nôtre ame. Mais ou ne connoît pas encore son *essence* & sa *nature*, ny tout ce qu'elle a de cómun ou de particulier par raport à la matiere dont on ne connoît pas non plus l'essence ou la nature, & quand on dit qu'on connoît ces *na-*

Resp. à la Recherc. Art. 4. Art. 5. Art. 21 pag. 81.

B iij

tures ou *essences*, on s'engage dans la supposition que l'on condamne dans ce premier Chapitre.

SUR LA SECONDE
SUPPOSITION.

Des Veritez necessaires.

N'Attendez pas, MONSIEUR, qu'un Academicien vous réponde sur la connoissance que vous dites, que Dieu a des essences; ny qu'il entreprenne de juger entre vous & Monsieur Descartes, sur la puissance de Dieu. On ne se croit pas assez sçavant pour de si grandes decisions.

Il y a de l'erreur; dites-vous, *& même de l'impieté à penser que Dieu puisse renverser une de ses volontez par une autre volonté contraire.* On ne dit pas que Dieu puisse renverser une de ses volontez par une autre volonté contraire! Mais on pense que si Dieu a pû faire que des veritez qu'on apelle *necessaires* fussent *contingeantes*, c'eſt tomber dans une petition de principe que de ſoûtenir qu'il ait jamais voulu que les veritez que vous apellez *neceſſaires*, le fuſſent effectivement.

SUR LA TROISIE'ME
SUPPOSITION.

Des Veritez de la Foy.

VOus tâchez de demontrer icy l'exiſtence de Dieu. Mais je ſuis fâché que vôtre demonſtration ſoit apuyée ſur un principe dont nous avons reconnu la foibleſſe.

Reſp. à la Recherche Art. XII.

Je ſuis perſuadé de l'exiſtence de Dieu. Mais je doute de vôtre principe, & ne croyez pas cependant, MONSIEUR, que ſi vôtre principe n'eſt pas bon, Dieu doive perdre pour cela ſon exiſtence, ou qu'on ne la puiſſe demontrer par quelque autre moyen plus ſur & plus inconteſtable.

Le principe de S. Thomas, vaut mieux que celuy là, qui eſt celuy de Deſcartes

J'aprouve fort que la raiſon ſerve *Pag. 90.*

de second à la foy, mais il faut que cette raison soit *irreprochable*. Il faut qu'on ne la puisse soupçonner d'erreur, & qu'elle soit delivrée des préjugez.

Je n'ay pas demandé cependant que l'Auteur de la Recherche prouvast l'existence de Dieu dans cét endroit, quoy que son systéme des veritez la suppose. Par ce qu'il ne devoit pas entreprendre de la prouver en ce lieu, & encore moins devoit-il la supposer, non plus que les autres veritez de Religion qu'il prend pour principes.

Resp. à la Rech. Art. 4.

SUR LA QUATRIE'ME
SUPPOSITION.

De l'entendement pur.

PUisque vous aprouvez, MON-SIEUR, ce que j'ay dit dans ce Chapitre je n'ay rien icy à deffendre.

Pag. 40. D'autre côté l'Auteur de la Recherche ayant acordé dans sa ré-

ponfe, que les pures intellections
laiffent des traces dans le cerveau,
toute la difference qu'il y a entre
imaginer & *concevoir*, n'eft plus
felon luy, quoy que cela foit con- *Recherc.*
traire à fa *Recherche*, que dans la *tome 1.*
pag. 32 L.
diverfité de ces traces, ou plûtoft *Critiq.*
dans le different raport qu'elles *pag. 30.*
ont avec les idées.

Je me fuis affez étendu fur ce *Articles*
fujet dans ma réponfe, & je n'au- 14.
rois rien à dire deplus pour la Cri- 15.
tique; fi vous n'aviez fait des re- 16.
flections fur ce Chapitre, qui me- 17.
ritent qu'on s'y arrête. 18.
19.

Vous reduifez les trois manieres
de connoître que l'Auteur de la
Recherche a diftinguées à deux feulement, fçavoir à la *pure intellec-*
tion & à *l'imagination*.

Je vous avertis dé-ja que vous *Pag. 95*
tombez dans la même fuppofition *Critiq.*
que luy, car vous voulez qu'il y *de la*
ait des intellections pures, & fi on *Critiq.*
demandoit ce que c'eft que ces *in-*
tellections pures, puifque toutes les
intellections laiffent des traces dans

le cerveau auſſi bien que les *ima-
ginations* , ce que vous accordez
expreſſement : Je ne ſçais ſi vous
entreriez dans la Réponſe que
l'Auteur de la Recherche a faite ſur
ce point : mais ſi cela êtoit, ce que
je luy ay répondu vous ·regarde-
roit auſſi.

Vous laiſſez neanmoins cette
difficulté , & vous nous propoſez
ſept choſes touchant les ſens , que
vous me permettrez d'examiner.

I.   La premiere eſt que les objets
produiſant en nous de la douleur
& du plaiſir, nous cauſent des intellections pures , parceque la douleur eſt *ſpirituelle* , dites-vous , &
le plaiſir *ſpirituel.*

RÉPON-   Si vous apellez toutes' les façons
SE.   d'être de l'Ame de *pures intellections*, je vous accorde que les ſens
nous cauſent de pures intellections.
Mais prenez garde auſſi que vous
ferez obligé d'avoüer par la même
raiſon que les idées qui accompagnent les images du cerveau, ſont
encore des idées de pure intellec-

tion, parceque ce font des façons d'être de l'Ame & que toutes les façons d'être de l'Ame qu'elles qu'elles foient, font auffi fpirituelles les unes que les autres : c'eft à dire , qu'elles font toutes également de la nature de l'Ame qu'elle que foit cette nature que l'on ne connoît pas encore.

Si vous apellez donc toutes les connoiffances qui font terminées par des façons d'être de nôtre ame, *intellections pures*; je vous dis que nous n'avons fuivant cette penfée qu'une feule maniere de connoître , & que foit par les fens ou par l'imagination , nous ne connoiffons autre chofe immediatement & par nos premieres conceptions, que ces feules façons d être de nôtre Ame.

En fecond lieu vous remarquez I I, que c'eft proprement le fens qui dône *ces connoiffances intellectuelles*

Il eft vray que cela nous vient du moins à l'occafion des change-mens que les objets produifent en nous par le moyen des organes de nos sens, mais ou je ne trouve icy qu'une equivoque sur le mot de sens, ou cette reflection se reduit à celle qui la suit.

III.

En troisième lieu vous assurez qu'il faut attribuer au corps un *vray pouvoir d'agir sur notre ame,* *& de luy donner toute sorte de pen-* *sées ou idées.*

Pag. 99.

Cela est admirable, MONSIEUR, vous soûtenez en d'autres endroits que Dieu est l'unique moteur & que les corps n'ont pas même le pouvoir de se produire du mouvement les uns aux autres, & vous reconnoissiez *cependant un vray* *pouvoir dans un corps d'agir sur une* *Ame, & de luy donner des idées* *qui sont toutes également immate-* rielles ! Vous êtes en partie d'acord sur ce point avec Monsieur Descartes. Mais vôtre proposition est plus generale que la sienne. Il veut seulement que quelques idées nous viennent des objets exterieurs & vous voulez qu'elles en viennent toutes

Metaph. *réponse* *au x'cinq* *object.*

toutes *fans exception , parceque* Page 99.
l'ame ne les fait pas, mais qu'elle
les reçoit, dites-vous.

Si cela ne tend à conclure au- RE'PON-SE.
tre chose, finon que l'entendement eft *une puiffance purement*
paffive, je n'y repugne pas. Mais
de fçavoir fi c'eft Dieu qui produit
des idées dans l'ame à l'occafion
des mouvemens qui font dans le
cerveau, ou fi ces mouvemens produifent veritablement ces idées :
c'eft ce que je ne dois pas entreprendre de decider icy. Je laiffe
aux Cartefiens à défendre Monfieur Defcartes fur ce fujet. Il me
femble cependant qu'on ne decidera jamais bien cette queftion fi
on ne connoît auparavant l'effence de l'Ame & celle de la matiere.

En quatriéme lieu vous vous IV.
plaignez d'une *equivoque qui a* Pag. 100.
trompé, dites-vous, *les Academi-*
ciens & une infinité d'autres avec
eux qui ont apellé objet du fens ou
du fentiment la chose exterieure qui
agiff fur nous. Au lieu qu'il de-

C

voient reconnoître que c'eſt l'homme qui eſt l'objet de ſon propre ſentiment.

Cette reflection eſt judicieuſe,
MONSIEUR, mais prenez garde que les Academiciens l'ont
faites il y a long-temps. Bien
loin qu'ils ſe ſoient laiſſez
tromper par cette équivoque,
au contraire, ils ſe plaignoient
que les Dogmatiſtes tomboient
dans l'erreur que vous reprenez,
Cependant, permettez-moy de
vous dire que vous y tombez
vous même, comme nous l'allons
voir ſur vôtre ſixiéme reflection.

Cinquiémement, vous ſoûtenez
que l'erreur de prendre les choſes
exterieurieures pour objets de nos
ſens à fait tirer cette faſcheuſe
conſequence, qui eſt que l'homme
ne ſe connoiſt pas, & ne ſçait ce
qu'il eſt.

Quand même on reconnoî-
troit que l'homme ne connoît
par les ſens que les differentes

façons d'être dont il est capable;
cela ne suffiroit pas pour connoître l'essence de l'ame & la nature de l'homme : encore moins
pour juger de l'essence de la matiere. Cela ne serviroit que pour
entrer dans les sentimens des A-
cademiciens en refusant les sens
pour juges de la verité des choses qui sont hors de nous !

En sixiéme lieu, vous soûte- **VI.**
nez que *les choses exterieures sont* **Pag. 102**
quelquefois le vray objet des sens,
& qu'on les connoit clairement par
leur moyen : Or ces choses exterieures que les sens nous font
connoître sont des figures, dites-
vous, des mouvemens & de l'é-
tenduë.

Cela retourne à la *septiéme* **RE'PON-**
supposition dont nous parlerons en **SE.**
son lieu. Vous voulez cependant
que l'objet de ces sortes de sen-
sations ne soit pas l'homme,
mais que ce soient des choses
materielles hors de l'homme ! &
cela, c'est aprocher d'avan-

C ij

tage que les Academiciens , de l'erreur que vous remarquez dans vôtre quatriéme reflection.

VII.
Pag. 102.

Enfin , la septiéme chose que vous remarquez est que *toutes les connoissances ou idées que nous donnent les sens sont absolument immaterielles, d'autant*, adjoûtez-vous , *qu'il n'y en a point d'autres.*

RE'PON-SE.

Voyez ce qu'on peut dire des idées quãd on cherche la Verité, Art. X. Resp. à la Recherc.

Je vous accorde cecy , mais le mot *immateriel* est joint à une idée tres-obscure , & nous ne sçaurons pas bien ce que c'est que d'estre *immateriel*, qu'apres que nous aurons connu l'essence de l'ame , & celle de la matiere.

Nous pouvons cependant asseurer sans craindre de nous tromper , que toutes nos idées sont de la nature de nôtre ame comme les façons d'estre sont de la nature des sujets auxquels elles appartiennent.

De plus, nous pouvons encore dire que nous n'avons qu'une seule maniere de connoître que l'on apelle *Sens*, lors qu'effectivement les objets agissent sur nous.

Qu'on apelle *Imagination* lors que les images produites en nôtre cerveau par les objets exterieurs subsistent, & que nous connoissons ces images en l'absence de ces objets.

Et qu'on apelle *Intellection*, lors que les traces qui sont dans nôtre cerveau, sont trop foibles, trop confuses, ou trop changeantes pour composer ce qu'on apelle communement des *Images*, & pour estre jointes à des idées fixes & déterminées.

Voyez la resp. à la Recherc. sur les traces de la memoire.

SUR LA CINQUIEME
SUPPOSITION.

Des idées qui representent ce qui est hors de nous.

IL est aisé de dissiper ce nuage, c'est ainsi que vous parlez de l'opinion de l'Autheur de la *Recherche* & de la mienne dans un endroit où vous croyez *que nous vous dressons des pieges.* Il est donc *aisé*, dites-vous, *de dissiper ce nuage en rapellant les gens à la bonne foy & à l'experience qui nous fait sentir que nous pensons directement immediatement & veritablement aux choses ausquelles nous pensons, & qu'on ne s'amuse presque jamais à penser à ses pensées ou à ses idées.*

RE'PONSE.　　Croyez-vous, MONSIEUR, qu'on ne se trompe jamais de bonne foy? & qu'est-ce que l'experience nous fait connoître d'avantage que de certains effets qui

Quasi nemo erret invi-

font produits en nous par des
objets exterieurs & inconnus ou
du moins que nous ne devons
regarder par cette seule veüe ,
comme vous le reconnoissez fort
bien. en un autre endroit , que
sous la notion tres-vague & tres-
confuse de quelque chose qui agit
sur nous.

tus aut
quisquā.
omnino
erret nisi
invitus.
S. Aug.

Pag. 101.

Reduisez à la bonne foy ceux
qui croyent qu'il y a de la chaleur dans le feu , de la lumiere
dans le Soleil , & des couleurs
sur un tableau , que vous diront-
ils , sinon qu'ils croyent de bonne
foy que toutes ces choses sont
hors d'eux telles qu'ils pensent
les connoître par leur propre experience.

EXEM-
PLE.

*On ne s'amuse, & on ne s'a-
vise presque jamais à penser à ses
idées!* Mais ne sçavez-vous pas,
MONSIEUR, qu'on prend souvent
ses idées pour des objets réels? c'est
en cela qu'on se trompe : on pen-

OBJEC-
TION
ET
RE'PON-
SE.

se connoître des objets exterieurs,
pag. 105. & l'on ne connoît que des idées.

REFLEC-
TION. Au reste je ne sçay pourquoy
vous méprisez la distinction des
idées, que l'Autheur de la *Recherche* aporte dans cét endroit.
Il me semble que cette distinction est de consequence, & tout
le mal que j'y trouve : c'est qu'elle est seulement supposée. Il faudroit la bien établir , & faire
connoître évidemment que nôtre ame est capable d'avoir des
idées qui luy representent non
pas seulement *l'existence* , ou si
vous voulez , la *nature & l'estre
veritable* des choses qui sont
hors de nous. Cependant, c'est
ce que personne n'a encore fait,
du moins si nous en jugeons par
les écrits que les Philosophes
nous ont laissez.

SUR LA SIXIE'ME
SUPPOSITION.

Des idées qui representent sans
estre semblables.

JE ne m'étonne pas, MON-
SIEUR, que vous fassiez connoître que ce chapitre vous a
donné plus de peine qu'aucun
autre de la Critique.. Vous nommez les reflections que l'on y
fait, *Embarras.* Vous avez raison, MONSIEUR, c'est un
embarras pour les Dogmatistes,
& je m'assure qu'on leur donne une gehenne assez grande
lors qu'on les oblige d'expliquer le raport qu'ont nos idées
avec les choses qu'elles representent.

Mais s'ils sçavoient un peu se
tirer de cét embarras d'une maniere plus adroite qu'ils ne font,
il y auroit sujet de les en loüer.
Cependant, au lieu d'aporter

Il s'agit
icy de ce
qu'il y a
de plus
important
à resou-
dre pour
la décou-
verte de
la verité,
la simili-
tude des
idées à
l'égard de
leurs ob-
jets n'é-
tant que
la verité
même,

de la lumiere fur des difficultez
qu'ils devroient débroüiller, ils
nous jettent de la pouſſiere aux
yeux, & fe vont cacher dans les
plus épaiſſes tenebres que l'Ecole ait jamais pû fouffrir.

C'eſt une choſe furprenante
qu'on fe foit payé de cette diftinction que vous aportez, &
qu'on ait crû fe mettre à couvert de toutes les difficultez qui
font proprement eſſentielles à
la Recherche de la Verité, en
diſant que nos idées font femblables aux choſes qu'elles
repreſentent, non pas d'une maniere *réelle* ny *entitative* pour
me fervir des propres termes de
cette diſtinction, mais d'une
maniere *intentionelle*, ou ſi vous
voulez, nə rougiſſons point de
parler à la mode de l'école, nos
idées font femblables aux chofes qui font hors de nous, *re-*
preſentativè, & non pas *objecti-*
vè.

Re'pon-
s e.　　Que feriez-vous ſi on ne vous

loit pas recevoir ces termes, à
cauſe de leur obſcurité? vous tâ-
cheriez à ce que je crois de les
expliquer. Mais d'abord que
vous ouvrez les yeux pour voir
ce qu'ils renferment ſous le peu
d'apparence qu'ils ont, vous
trouvez que toute leur force ſe
reduit à rien, & que leur éclat
s'évanoüit.

Que veut dire cela, nos idées
ſont, ſemblables *intentionellement*
ou *repreſentativement*, ſinon
qu'elles ſont *ſemblables* autant
qu'il faut qu'elles ſoient *ſemblables* pour *repreſenter* ? & c'eſt
cela juſtement qui eſt en queſtion. Il faut ſçavoir en quoy
conſiſte la ſimilitude des idées
à l'égard de ce qu'elles repreſentent, & quand on dit que
cette ſimilitude eſt *intentionelle*
ou *repreſentative*, on ne fait que
repeter l'état de la queſtion d'u-
ne maniere un peu plus embar-
raſſée, & ſous un mot barbare.
Ainſi lors que l'on penſe avoir

quelque chofe de folide, on ne
trouve qu'un terme creux qui
n'eft p capable de nous fatif-
-faire.

Cependant, comme je crois
que vous aimez autant qu'un
autre à recevoir un conténte-
ment raifonnable, je fuis bien
aife de voir fi nous pourrons tirer quelque avantage de ce qu'on
aporte pour authorifer cette diftinction.

Pag. 148.   C'eft dé-ja une chofe inutile de faire une induction com-
me on la fait, en propofant les
idées de Dieu ! car nous ne
fçavons pas mieux comment
Dieu connoît la matiere que
nous fçavons comment nous la
connoiffons nous-même.

Il ne fert encore de rien de
reduire les gens à la bonne foy
à l'égard des chofes materielles
que l'on croit connoître. Outre que c'eft une petition de
principe, & que l'on retourne
par là à l'état de la queftion,

on a

on à dé-ja remarqué icy qu'il
n'eſt pas impoſſible qu'on ſe trompe de bonne foy, & peut-être
que ceux qui croyent connoître des choſes materielles, ne
connoiſſent apres tout que des
façons d'être tres-ſpirituelles,
c'eſt à dire peut-être qu'ils ne
connoiſſent que leurs propres i-
dées.

Il ne ſert donc de rien de
nous propoſer l'experience, parce qu'on eſt encore à ſçavoir ce
que nous connoiſſons veritablement par l'experience, & il n'eſt
pas moins inutile de nous de-
mander ce que nous en croyons
de bonne foy, car il ne s'agit
pas de ce que nous en croyons,
mais de ce qu'il en faut croire.

En ſecond lieu, voyons s'il *Voyez la Critiq. pag. 58.*
eſt poſſible de trouver aucune
repreſentation immediate & veritable, ſans qu'il y ait de la
reſſemblance : & prenons garde
de prendre pour exemple la re-

D

préfentation des idées , car
c'eſt ce qui fait l'état de la queſtion. Ne nous embaraſſons pas
non plus dans les équivoques
pag. 58. dont on a parlé dans la Critique.

pag. 19. Vous propoſez les tableaux ,
& vous dites, *s'il n'y avoit aucune reſſemblance entre la plâte
peinture & le relief qu'elle repreſente, entre la deſcription d'une
bataille que l'on fait par écrit
ou de vive voix, & la bataille
même ; l'une ne pourroit point
ſervir à repreſenter l'autre , &
neanmoins , qu'y à-t-il de plus
diſſamblable que la nature de ces
choſes ?*

EXA-
MEN.
des F-
xemp'es
propoſez
Pour ce qui eſt de la *bataille
par écrit ou de vive voix* , c'eſt
une exemple que j'exclus, parce
qu'il doit être raporté aux idées
qui font l'état de la queſtion ;
& l'on en doit juger confor-
mement aux loix des ſignes que
Critiq. l'on a aſſez remarquées dans la
pag. 59. Critique & dans la Réponſe.
Reſponſ.
pag. 58.

Il faut donc voir si les tableaux ou les portraits peuvent
représenter sans ressemblance *en-*
titative ? suivant vôtre distinction, c'est à dire sans qu'il y ait
quelque chose dans leur être de
semblable aux objets qu'ils representent.

Lors que nous disons qu'un
tableau représente Cesar, ce
n'est pas en ce que ce tableau
nous fait connoître ou l'esprit
ou les parties interieures du
corps, ou les mouvemens de ce
Prince : & si nous en connoissons plus que le tableau ne nous
en montre, cela vient de ce que
plusieurs idées que nous avons
receuës d'ailleurs s'excitent &
se réveillent les unes les autres, parce qu'elles sont jointes
& unies ensemble par le moyen
des traces qui les accompagnent,
mais à la verité, ce tableau ne
nous représente proprement &
immediatement que l'apparence
exterieure de Cesar, c'est à

Voyez la resp. à la Recherc. touchant les traces du Cerveau p. 63.

dire, ſa figure & ſa couleur.

Or, comment, eſt-ce que ce
tableau repreſenteroit la figure
exterieure de ce Prince s'il n'y
avoit une veritable figure expri-
mée & tracée ſur la toile qui en
ſoûtient les couleurs ; & tout
l'art du Peintre ne conſiſte-t-il
pas à faire que cette figure ſoit
ſemblable à celle de l'Original?

On ſçait bien que cette figure ne ſera jamais ſi ſemblable à
celle de l'Original que ſi c'eſtoit
un relief, auſſi elle ne repreſente pas ſi parfaitement la figure
de Ceſar qu'une ſtatuë la pourroit repreſenter, mais en cela,
vous voyez que plus il y a de
reſſemblance, plus il y a auſſi de
repreſentation.

La figure de ce tableau n'eſt-
elle pas auſſi *réelle* & *entitative*
que la figure de Ceſar, & pour-
riez-vous, MONSIEUR, con-
cevoir des tableaux ſans figure
& ſans eſtenduë ? pour moy je
vous avouë que je ne conçois

pas qu'aucunes ressemblances puisse jamais subsister, que dans l'être de quelque chose. Nommez les ressemblances *representatives* ou *intentionelles*, ou tout ce qu'il vous plaira, cela ne fait pas qu'elles ne soient attachées à quelque sorte de substance , & que par consequent elles ne soient réelles comme toutes les autres façons d'être , car le neant ne sçauroit ressembler à quoy que ce soit.

Les tableaux ne nous montrent donc que des êtres qui ont de la *ressemblance* , & qui representent des figures exterieures, parce qu'ils ont des figures réelles qui sont semblables à celles qu'ils nous representent, & par consequent cette exemple que vous apportez ne decide rien en vôtre faveur, pour ne pas dire qu'il est plûtost contre vous.

SUR LA SEPTIE'ME
SUPPOSITION.

Que nous connoiſſons par les
ſens qu'il y a de l'étenduë
hors de nous.

VOus tâchez de prouver icy
que les ſens nous font connoître qu'il y a de l'étenduë
hors de nous, en vous apuyant
ſur vôtre grand principe , &
vous pretendez qu'on me ſçauroit ſoupçonner d'erreur nos premieres conceptions ſans tomber
dans la neceſſiré de rejetter cette
tromperie ſur l'Auteur de la nature.

RE'PON-   Mais pourquoy conclure que
SE.   Dieu ſeroit un trompeur ſi nos
ſens ne nous feſoient pas connoître qu'il y a de l'étenduë hors
de nous , il faudroit donc conclure la même choſe à raiſon de
la couleur, de la chaleur, de la

lumiere, &c. & neanmoins vous
ne voulez pas conclure que Dieu
nous trompe touchant toutes les
qualitez qu'on apelle senfibles,
quoy que jamais les sens ne man-
quent de nous tromper, ou de
nous donner occafion de nous
tromper touchant toutes ces qualitez. Pourquoy aurions-nous
donc plus de droit de tirer cette
méchante confequence à caufe
des figures qu'à caufe des couleurs.

D'ailleurs, ne pouvons-nous
pas douter fi Dieu ne nous a
donné les fens que pour juger
de ce que les objets exterieurs
peuvent produire en nous, &
non pas pour fçavoir ce qu'ils
font en eux-mêmes ? fi nous en
jugeons donc temerairement, nôtre erreur ne vient que de nous,
& nous tombons dans le défaut
de céthomme que vous condamnez qui juge qu'un bâton qui eft
dans l'eau eft courbé, & qui fe
trompe en jugeant fur cette fimple apparence.

Je ne sçay si Monsieur Rohault auroit voulu souscrire à l'explication que vous aportez de sa réponse touchant l'objection dont on parle dans ce Chapitre, car cette explication ne touche pas le fond de la question.

Vous dites seulement que les differents points dont il parle, sont les points des organes de nôtre cerveau. Je vous réponds qu'il ne s'agit pas de ces organes, il n'est pas difficile de concevoir que ces organes soient frapez en differends points, puis qu'ils ne sont pas moins estendus, ny moins materiels que les objets. Ce ne sont pas non plus ces organes qui sentent, c'est l'ame qui sent, posé le Systeme de Monsieur Descartes, & il est question de sçavoir comment nôtre ame aperçoit les étendües & les figures qui sont gravées dans les organes de nôtre cerveau.

Voyez, MONSIEUR, si vous

avez quelque explication nouvelle à donner pour faire comprendre comment nostre ame juge de la grandeur d'un objet é-
tendu ; mais prenez garde qu'il
faut faire connoistre aussi bien
comment nostre ame aperçoit les
petites figures qui sont peintes
& gravées dans les organes de
nostre cerveau que les grandes
figures *que nous pouvons toucher
des deux mains.*

Je puis dire cependant que
Monsieur Rohault ne manquoit *Pag. 132.*
point d'adresse pour s'esloigner
des questions qu'il voyoit qu'on
ne pouvoit pas facilement decider , mais il ne manquoit point
de bonne foy pour avoüer since-
rement qu'il ne sçavoit pas ce
qu'il pouvoit ignorer , avec le
reste des hommes. J'ay bien peur
que cette difficulté ne soit jointe
à ce qu'il y a de moins facile à
resoudre touchant l'union du
corps & de l'ame.

Avec tout cela je ne sçais pas REFLEC-
TION.

pourquoy l'on pretend que les
deux mains d'un Aveugle qui
croit toucher un corps étendu,
sont plus sçavantes que nos yeux
qui nous font voir des couleurs
estenduës & figurées ! Vous reconnoissez que ces couleurs sont
en nous ! mais la figure de ces
couleurs, l'estenduë de ces couleurs où est-t'elle ? sinon dans
l'endroit où sont ces couleurs ?
& puisque ces couleurs sont en
nostre ame seulement, & non
pas même dans les orgines de
nostre cerveau ; Je vous laisse à
faire connoistre comment elles y
peuvent estre sans leur estenduë
& sans leurs figures : en un mot
sans toutes les mesures & toutes
les proportions que nous y aper-
Voyez l'e- cevons en jettant les yeux sur un
xamé du tableau ; par exemple, ou si vous
grãd pri- voulez en recevoir l'apparence
cipe, nõ- d'un Arc-en-Ciel, dont la figu-
bre 11. re & la couleur ne sont qu'i-
maginaires, mais pour l'explication que vous donnez à la Ré-

ponſe de Monſieur Rohault, vous
me permettrez de vous dire qu'elle ne reſout point du tout la difficulté.

Il reſte donc encore à ſçavoir
comment nôtre ame, que l'on
ſuppoſe être ſans étendüe, juge
des étendües & des figures qui
ſont imprimées dans les organes
de nôtre cerveau, & ſi on ne re-
ſoud cette difficulté, il ne faut
pas s'imaginer que l'on decouvre
jamais la verité des choſes qui
ſont hors de nous.

SUR LA PREMIERE
ASSERTION.

Des jugemens de la volonté.

JE crois avoir aſſez répondu ſur
cét article à l'Autheur de la
Recherche : & je diray ſeulement
icy deux mots touchant ce que
vous y remarquez de particulier.

I.　　Vous ſuppoſez que le conſentement aux veritez évidentes eſt une
action de l'ame, & vous concluez
Pag. 146. que cette action ne peut eſtre
que de la volonté, parce que l'a-
me n'a point d'autre faculté pour
agir, que la volonté.

RÉPON-　Je vous réponds que ce con-
SE.　　ſentement eſt une *Paſſion* & non
pas une action. Je n'entends pas
icy par le mot de *Paſſion*, une
émotion du ſang par la force ou
l'agitation des eſprits animaux,
dont il naît une diſpoſition de
l'ame

l'ame, qui vient premierement des affections du cœur. Je prends le mot *Paſſion* fort generalement, c'eſt à dire, pour ce que l'on oppoſe à ce que l'on entend par cét autre mot *Action*, qui eſt le correlatif de ce premier. Or le conſentement dont nous parlons, eſtant une paſſion, ou une perception, il ne doit pas eſtre rapporté à la volonté.

Les exemples que vous propoſez confirment plûtoſt mon ſentiment qu'ils ne le détruiſent.

Lors qu'un homme conſent qu'on luy coupe une jambe caſſée, je veux vous accorder que ce conſentement eſt volontaire : mais ſi on la luy coupe malgré luy, & qu'il ſoit neceſſaire qu'on le contraigne pour cette operaration, en ce cas je vous demande s'il y a quelque choſe en cela qu'on doive apeller volontaire à l'égard de cét homme.

L'amour des bien-heureux eſt

I I.

EXAMEN des Exéples propoſez.

E

volontaire quoy qu'il ne foit
pas libre. Mais cette compa-
raifon n'eſt pas juſte, il eſt impoſſible que les bien-heureux ne
veuïllent point aimer Dieu, &
il ſe peut que des hommes ne
veuïllent point conſentir à des
choſes qui leurs ſont évidentes,
quoy que l'évidence les emporte
malgré eux. De plus, l'amour
des bien-heureux eſt une action
& le conſentement aux veritez
évidentes eſt une paſſion.

La balance dont vous parlez
doit eſtre entierement indifferente à ſe pancher à droite ou à
gauche, autrement elle ne ſeroit
pas bonne ; elle ne doit rien ad-
joûter à ſa détermination d'un
côté ou d'autre, & ſi elle eſtoit
capable d'entendement & de volonté, le panchement qui luy
pourroit arriver ne devroit point
eſtre attribué à ſa volonté, mais
ſeulement au poids qui la déter-
mineroit, puis qu'elle devroit

eſtre parfaitement indifferente à
ſuivre l'impreſſion de ce poids
ou celle d'un autre : Ainſi, ou
cette balance ne vaut rien, ou ſi
elle eſt bonne elle me fait juſti-
ce.

Vous remarquez deux choſes
que vous me faites improuver
dans la *Recherche*.

Sur la premiere, je diray
qu'effectivement il eſt bon de ne
point trop particulariſer ſur les
fonctions de l'entendement & ſur
celles de la volonté. Car apres
tout, on trouvera peut-eſtre à la
fin que ces deux facultez ne ſont
qu'une même choſe dans le fond.
Il faut cependant bien diſtinguer
le conſentement primitif & im-
mediat que nous donnons aux
veritez évidentes d'un certain ac-
quiéſſement qui eſt une ſuite de
ce conſentement.

Sur la ſeconde, je réponds
que ce n'eſt pas un bon moyen
pour juger de la certitude & de
l'évidence de nos connoiſſances,

III.

pag. 151.

Reſp. al.
Recherc.
Pag. 115.

Critiq.
Page 86.

E ij

que de nous en remettre à ce que nous penſions avoir connu tous les raports qu'il faut conſiderer dans leurs objets , ces raports eſtant infinis , & ne pouvant jamais eſtre pleinement aſſurez ſi nous les avons tous connus.

Je vous prie de remarquer qu'on ne s'exempte pas de cette difficulté en diſant qu'on ſe contente de *concevoir tous les raports qui concernent la queſtion que l'on veut decider.* Car on n'eſt pas aſſeuré ſi les moindres choſes dont on forme une queſtion , n'ont point d'autres raports que ceux qu'on a conſiderez : On avouë même dans la *Recherche* , que *les moindres choſes ont une infinité de raports, & qu'il faut un eſprit infiny pour les comprendre.*

Nous avons donc beſoin d'un autre moyen de juger de la certitude de nos connoiſſances ; celuy que vous aportez n'ayant point de bornes fixes , & cette regle n'étant apres tout qu'une regle ſans regle.

SUR LA SECONDE ASSERTION.

De la regle generale pour les Sciences.

JE ne méprise point la regle dont vous parlez, parce qu'elle n'est point nouvelle : mais parce qu'elle est conceuë d'une maniere qui enferme les difficultez que l'on a remarquées dans la Critique. *Pag. 96.*

Je me suis encore assez expliqué sur ce point dans ma Réponse à la Recherche. *Pag. 117.*

En un mot, cette regle suppose que nous ayons droit de juger des choses par nos idées, ce que nous n'aurons au plus qu'apres avoir bien conceu ce qui concerne la representation des idées : & pour cela, il faudra se servir d'une autre regle qui est le *Criteriam* que l'on cherche.

SUR LA TROISIE'ME ASSERTION.

Des Vray-semblances.

Resp. à
la Re-
cherc.
Art. 30

TOut ce que vous dires, Monsieur, des vray-semblan-
ces ne conclut autre chose sinon
qu'on peut avoir par leur moyen
quelque certitude morale, qui
suffit pour l'action : mais comme
il s'agit d'une science purement
speculative, il ne suffit pas d'a-
voir de la certitude, il est encore
necessaire qu'on trouve de l'evi-
dence : ce que l'on ne fera jamais par les seules vray-semblan-
ces.

SUR LA QUATRIE'ME ASSERTION.

Des jugemens des sens.

Pag. 165.

VOus m'attribuez icy un *dessein secret* que je n'ay ja-

mais eu , & dont je me fuis peut-
eftre plus éloigné que vous-mê-
me. Mais puifque ce deffein eft
fecret, qui vous l'a revelé, Monsieur? Car enfin, permettez que
je me pleigne un péu , quoy qu'à
regret , de vôtre Critique. Voûs
croyez qu'on a beaucoup d inclination à faire paffer l'ame pour
corporelle, & je n'examine pas
tout ce que cette penfée vous
peut mettre dans l'efprit. Mais
je m'eftonne que vous entrepre-
niez de penetrer des fecrets qui
ne font connus que de Dieu feul.
Ce que vous en dites cependant,
ne laiffe pas de faire impreffion
fur ceux qui font naturellement
portez à croire le mal. Cela
n'eft pas jufte , Monsieur,
il faut confiderer que l'on a d'autres veuës que celles que vous
avez , & qu'il ne vous eft pas
permis de conclure à vôtre mode
tout ce que vous voulez des principes de vos adverfaires. Abfte-
nez-vous donc de tirer des con-

pag. 165

fequences que vous n'avez pas
droit de tirer, & ne vous enga-
gez pas dans un jugement qui
va un peu plus loin que vos
premieres conceptions.

RÉPON-
SE. Mais ce n'eſt pas de la nature
de l'ame dont il s'agit dans ce
Chapitre, & ce que vous remar-
quéz enſuite eſt plûtoſt contre
l'Autheur de la *Recherche* que
contre moy. Il me ſemble neanmoins qu'il a raiſon de dire
que toutes nos Senſations enfer-
ment un faux jugement: car toutes nos ſenſations nous font attribuer hors de nous ce qui eſt
en nous-même.

Si vous ne voulez pas que ces
ſenſations enferment des jugemens entierement faux, avoüez
du moins qu'elles enferment des
jugemens precipitez, c'eſt à dire
des prejugez qui ne ſont vrais,
lors qu'ils le ſont que par ha-
zard.

Vous n'entrez pas avec tout
cela dans le fond de la queſtion,

& ce Chapitre n'eſt que pour faire voir qu'on ne prouve pas bien les erreurs des ſens : juſques-là qu'on pourroit dire que ceux qui pretendent que la découverte de ces erreurs eſt une production de leur Philoſophie ne paroiſſent pas fort bien entrer eux-mêmes dans cette découverte.

En effet, ſi quelque Peripatetitien vouloit ſoûtenir contre un Carteſien qu'il y a des couleurs ſur un tableau, on auroit bien de la peine à le convaincre ; ſur tout s'il empruntoit du ſecours des Academiciens. Car quoy qu'on puiſſe bien faire accorder que lors que nous voyons des couleurs il y a des couleurs produites en nôtre ame, comme on ne doit pas conclure qu'il y ait auſſi des couleurs dans les objets qui les produiſent, on ne doit pas non plus aſſeurer qu'il n'y en ait point dans ces mêmes objets.

REFLECTION.

EXEM-
PLE.
Qu'un homme eſtant dans les
tenebres vienne à donner de la
teſte contre quelque corps, ce
choc luy produira de la douleur :
or doit-il conclure que ce *je ne
ſçais quoy* contre lequel il s'eſt
heurté n'ait point receu de la
douleur dans ce même choc, il
ſemble qu'il ne le doive pas faire :
car il pourroit s'eſtre heurté contre la teſte d'un homme, par e-
xemple, & cét homme auroit le
même raiſonnement à faire à ſon
égard ! doit-il donc conclure que
le corps contre lequel il a donné
de la teſte ait receu de la douleur en même tems que luy ? il
ſemble qu'il ne le doive pas conclure non plus, car il pourroit
avoir rencontré une porte, un
mur, ou quelqu'autre choſe que
l'on juge incapable de douleur.

OBJEC-
TION
ET
RÉPON-
SE.
Mais les couleurs ſont *ſpiri-
tuelles*, direz-vous, ce ſont des
façons d'eſtres qui ne ſçauroient
convenir aux ſubſtances mate-
rielles !

De se fonder sur cette pensée, c'est s'engager dans un pre-
jugé pour en éviter un autre :
car comme nous ne connoissons
pas évidemment l'essence de la
matiere, nous ne pouvons pas
sçavoir quelles façons d'estre luy
peuvent ou ne luy peuvent pas
convenir.

Enfin, la plus raisonnable si-
tuation où l'on peut estre à l'é-
gard des jugemens des sens, est
de croire qu'ils ne nous font
connoître que ce qui resulte en
nous par l'action des choses exterieures, & non pas ce que ces
choses sont en elles-mêmes.

SUR LA CINQUIÉME
ASSERTION.

*Des Estres qui ne sont ni Corps
ni Esprits.*

VOus croyez que j'aurois dû
m'étendre dans la Critique
un peu plus sur le Chapitre pre-

cedent que je n'ay fait, Mais la
maniere de Philofopher des Academiciens, ne permet pas de s'engager à de pareilles decifions que
celles que vous foûhaitez, & la
même raifon qui m'a obligé d'a-
vancer fort peu de chofes fur le
Chapitre precedent, m'oblige encore .cy de m'abftenir de juger
de ce que vous dites contre les
fentimens de l'Autheur de la *Recherche.*

Il faut avoüer, Monsieur,
que les remarques que vous faites à l'occafion des trois derniers
Chapitres de la Critique, peuvent paffer pour auffi judicieufes
& auffi importantes que quelques
autres que les Dogmatiftes ayent
jamais fait. C'eft à l'Autheur de
la *Recherche* à vous répondre fur
ces derniers Chapitres, puis que
vous ne parlez que contre fes
fentimens & que vous n'improu-
vez pas les raifonnemens de la
Critique fur ces trois derniers
Chapitres.

Mais

Mais comme vous témoignez RE'PON-
S E. encore icy que vous croyez que
j'aurois dû examiner toutes les
chofes que vous examinez : je
vous déclare que je ne l'ay point
fait par la raifon que je viens de
toucher, & parce que d'ailleurs
pour vous dire franchement ce
que j'en penfe, l'Autheur de la
Recherche ne me femble témoi-
gner autre chofe fur ces conclu-
fions qu'une penetration d'efprit
qui le fait entrer dans des reflexions qui fentent plûtoft l'Academicien que le Dogmatifte. Je
ne fçais s'il prend garde que lors
qu'il dit qu'on *ne doit pas juger
qu'il n'y ait que des corps & des
efprits*, il fe jette dans un doute
des plus puiffans qui ayent ar-
refté les Academiciens & les
Pyrrhonniens.

Si j'ay pourtant defaprouvé ce
doute c'eft parce qu'il le rend un
peu trop abfolu, & qu'il ne le
regarde pas comme un doute
que l'on puiffe jamais furmon-
ter.   F

SUR LA SIXIÉME
ASSERTION.

*De l'effence de l'Ame & de celle
de la Matiere.*

JE ne toucheray point ce que
vous dites fur cette Affertion
contre les fentimens de l'Autheur
de la *Recherche*, feulement je fe-
ray quelques remarques fur la
connoiffance que vous croyez
pag. 186. avoir de la nature de l'ame.

Rɛ́PON-
Sɛ. Ce que vous dites fur ce point
ne conclud autre chofe, finon
que nous connoiffons quelques
façons d'eftre que nous pouvons
attribuer à cette fubftance que
nous apellons nôtre amé. Mais
nous nè fçavons pas fi ces façons
d'eftre ne peuvent pas convenir
auffi à la fubftance, ou pour
mieux dire à ce *je ne fçay quoy*
que nous apellons *corps* ou *matiere.*

Il ne faut pas se mettre dans
l'esprit que nous ne sçaurions connoître aucune façon d'estre sans en connoître en même temps le sujet : car nous pouvons douter si ce que nous apellons une façon d'estre n'est point une substance, & lors que nous sommes incertains si ce que nous connoissons est une substance ou une façon d'estre , alors nous concevons cette chose d'une maniere absoluë , au lieu que si nous la concevions relativement , il faudroit asseurement luy donner un terme, & ce terme nous devroit estre connu : J'en aporte un exemple.

Nous ne sçaurions concevoir
un fils comme fils que par raport à un pere : mais nous pouvons concevoir un homme qui est fils, sans le raporter à aucun pere. Ainsi quelques-uns conçoivent l'estenduë sans reconnoître si c'est une substance ou une façon d'estre , & ce sont

peut-estre ceux qui sont incertains de l'essence de la matiere. D'autres conçoivent l'étendüe comme une façon d'estre, témoin Regius : & dautres, aussi se la representent comme une substance, & ces derniers sont les Cartesiens. De sçavoir qui a le mieux conceu de ces Philosophes, c'est ce que la simple vüe ne decidera point d'abord, parce qu'elle est differente suivant ces esprits.

Chacun pense mieux voir que les autres.

Je diray donc que les façons d'estre nous paroissent des *substances* jusques à ce que nous en ayons découvert le sujet par quelque lumiere nouvelle qui nous vienne dans le cours de nos études, & cela parce que des façons d'estre peuvent servir de sujets à d'autres façons d'estre qui nous les font regarder selon ce raport comme des substances : Ainsi Regius veut que la figure soit une façon d'estre de l'étendüe, & que l'étendüe

Môsieur Descartes le soûtiët dans sa reponse à Monsieur Gassen.

soit une façon d'estre de la matiere,

SUR LA SEPTIE'ME
ASSERTION.

Que nous voyons toutes choses en Dieu.

CEtte proposition , nous voyons toutes choses en Dieu pour estre vraye , si nous la prenons à la lettre : car nous sommes en Dieu , nous qui voyons , & les choses que nous voyons sont encore en Dieu : car cét estre immense contient tous les estres. Mais nous ne devons pas conclure de là , que nous connoissons sans idées les choses qui sont hors de nous , & l'on doit encore moins se figurer que cette pensée que vous apellez mystique , puisse resoudre les difficultez qui sont essentielles à la Recherche de la Verité.

F iij

Vous voyez, Monsieur,
ce que j'ay crû devoir vous
répondre en faveur de la Critique.
Permettez-moy à cette heure de
vous dire mon sentiment de la
maniere dont vous croyez découvrir le chemin qui conduit aux
connoissances solides.

EXAMEN DV GRAND
principe de la Critique , à laquelle on répond.

NOus entrons dans la difcuf-fion de vôtre grand princi-pe, MONSIEUR, c'eſt à vous de le deffendre , & de le bien établir. Si vous en venez à bout, vous nous mettrez en poſſeſſion de la verité , & toutes nos études apres cela ne devront plus êrre qu'à bien exprimer par nos pa-rolles , ce que nous concevrons dans toute l'évidence , & dans toute la juſteſſe que nous pouvons ſoûhaiter.

Ce prin-cipe eſt celuy des Carte-ſiens. Voyez Deſcar-tes me-taph. Medita-tions & ailleurs.

Mais ſi ce principe n'eſt qu'un fondement mal aſſuré , dont la foibleſſe ne nous permet pas de nous élever au deſſus de l'état où nous ſommes naturellement parmy les tenebres de nos doutes,

& la confusion de nos prejugez;
prenez garde de tomber dans *le
plus profond de tous les abismes :*
car ce fondement venant à manquer, *toute la certitude que nous
avons de la realité,* dites-vous,
*& de l'existence des choses qui
sont hors de nous, seroit renver-
sée.*

R'asseurez-vous, MONSIEUR,
& ne craignez pas de tomber dans
un abisme pareil à celuy que vous
apprehendez, pourvû que vous
vous rangiez aupres des Academiciens vous êtes en sureté,
il faudra seulement que vous en-
triez dans ce doute raisonnable
pag. 15. que vous avez aprouvé.

Voicy donc ce grand principe qui fait toute vôtre assurance,
& c'est en cette maniere que vous
croyez *m'ouvrir les yeux.* Vous
me dites que *si je veux découvrir une source inépuisable de ve-
pag. 56.* *ritez, il faut que je m'accoûtume
à faire la difference qu'il y a entre les Notions & les Assertions,...*

entre ce qu'on apelle dans l'Ecole
la premiere operation de l'esprit &
les deux autres.

Comme tout le monde, adjoûtez vous, est d'accord que cette
premiere operation de l'esprit, c'est
à dire, la conception simple, est
toûjours vraye & conforme à son
objet, &c. Ie dois vous arrester
icy sur une chose si triviale, mais
qui est si solide & si vaste, que
vous aurez sujet de vous estonner
apres y avoir fait reflektion de la
foiblesse de vos Academiciens,
qui n'ont pour raisons que de purs
prejugez.

Vous continuez en ces termes:
Croyriez-vous, MONSIEUR,
que tant s'en faut que nous n'ayons
que peu ou point de connoissances
claires & indubitables, qu'il est
vray sans exception ni limitation,
remarquons ces mots, que toutes nos connoissances le font tres-
certainement Vous expliquez encore des paroles si determinati-
ves & si expressives, c'est à dire,

Sans exception ni limitation.

adjoûrez-vous, *que toutes les cho-*
ses ausquelles nous penfons, *&*
dont nous parlons, *exiftent réelle-*
ment hors de l'entendement, *&*
qu'elles font telles en elles-mêmes
qu'on les connoift, pourvû qu'on
en demeure à la conception fim-
ple.

Vous en aportez en fuite des
exemples, en propofant les *Corps,*
les *Efprits*, *Dieu même*, des
mouvemens, des *machines*, des
Palais enchantez, &c. & vous
concluez *que tous ceux qui pen-*
fent à ces chofes doivent eftre auffi
affeurez que tout cela eft hors de
l'entendement, *qu'ils font affu-*
rez qu'ils y penfent ou qu'ils en
parlent.

J'ay peur que ce grand principe ne cache quelque équivoque, & peut-eftre qu'une petite
diftinction renverfera ce Coloffe
qui fait toute la force de vôtre
Syftême.

Voyons donc s'il vous plaift,
MONSIEUR, ce que nous di-

rons de cette seule :rité qui,
selon vous, *détruit le Pyrrhonisme, & met à bout tout ce qu'il y a d'Académiciens dans le monde.* pag. 58.

Premierement, je vous réponds qu'il est incertain si nous avons aucune idée ou aucune conception parfaitement simple, ce qui n'enferme aucun jugement. Mais sans vous arrester à cette question, qu'il seroit trop difficile & trop long de decider icy. I. Réponse.

Je dis en second lieu que les conceptions que vous regardez comme simples, peuvent contenir de la fausseté. II.

Pour concevoir cecy, il faut remarquer que la simplicité des conceptions dont nous parlons, ne consiste qu'en ce qu'elles ne sont accompagnées d'aucun jugement positif : car ces conceptions peuvent representer suivant vostre Hypotese, des *Palais enchantez,* des *machines,* & mille autres objets composez. *Cette preuve est* Ad hominem.

D'où il s'enfuit que ces *conceptions* pouvant reprelenter des
chofes compofées, & non feulement des chofes compofées,
mais les compofitions de ces
chofes. Elles peuvent avoir pour
objets des *fubftances*, des *façons d'eftre*, de *fimples fubftances*, des *façons d'eftre avec des
fubftances*, ou des *façons d'eftre
toutes feules*. En un mot, on
apelle ces conceptions *fimples* en
ce qu'on pretend qu'elles n'enferment aucun jugement, c'eft à
dire, que ce font de pures conceptions.

De plus, il faut encore remarquer que ces conceptions
feroient fauffes, s'il eftoit poffi-
ble que ce qu'elles nous reprefentent, ne puft veritablement
exifter hors de nous, telles qu'elles nous le reprefentent.

Or, vous m'accorderez que
nous concevons quelquefois des
façons d'eftre comme attachées
à de certaines fubftances aufquel-
les

les il est impossible , selon vous ,
qu'elles conviennent. Donc nous
avons alors des conceptions qui
sont fausses. Je puis avoir une
idée de quelque substance , sans *Voyez*
enfermer dans cette idée quel- *cette ré-*
qu'une de ses façons d'estre. Je *ponse sur*
puis aussi concevoir une façon *la sixié*
d'estre , ou plûtost une chose *me As-*
qui est façon d'estre , sans con- *sertion.*
noître clairement quel est son
sujet , principalement si je ne
regarde pas cette façon d'estre
comme façon d'estre , mais d'u-
ne maniere absoluë ou abstraite.
D'où il s'enfuit qu'en joignant
mes idées , j'en puis faire naître
des compositions d'une infinité
de manieres , & soit que je le
fasse expressément ou que ce soit
par hasard , je puis joindre des
façons d'estre avec des substances ausquelles elles ne sçauroient
convenir , & alors on pourra dire qu'une conception qui join-
dra ces choses veritablement in-
compatibles sera une fausse conception.   G

Donc on peut avoir de fimples conceptions qui foient fauffes , puis qu'on en peut avoir
dont il eſt impoſſible que l'objet
exiſte hors de ceux qui forment
ces conceptions.

Ne dites pas qu'on ne peut
compoſer une idée de celle d'une
ſubſtance & d'une façon d'eſtre
qui ne ſçauroit exiſter enſemble
& qui ſont veritablement in-
compatibles. Car , ſans me mettre en peine de vous prouver
que cela eſt poſſible , vous ſe-
riez bien-toſt arreſté par vôtre
propre aveu. Vous ſoûtenez que
le vulgaire ſe trompe en raportant les couleurs aux étanduës
qu'ils voyent. Ces étanduës ,
ſelon vous , eſtant hors d'eux ,
& ces couleurs n'y eſtant pas ,
& n'eſtant que des façons d'ê-
tre de leur ame , c'eſt à dire des
façons d'eſtre qu'on apelle ſpiri-
tuelles, qui ne ſçauroient abſo-
lument , à ce que vous croyez ,
exiſter en des ſujets étendus :

& cependant, il eſt certain que
beaucoup de gens ſe repreſentent
les couleurs comme exiſtantes actuellement dans les étenduës
qu'ils voyent.

Quand on ſe figure un quarré
rouge, on a une conception ſimple, dans laquelle on comprend
l'idée d'une certaine figure jointe avec celle d'une certaine couleur, qu'on ſe repreſente comme
étenduë ſur cét objet. Ainſi les
Peripateticiens ont crû qu'il y
avoit de deux ſortes de couleurs,
des réelles, & d'autres qui n'é-
toient qu'en apparence. En quoy
ils concevoient les couleurs réelles comme dans les objets, de
même que vous concevez du mouvement dans un boulet de canon.   C'eſt à

Or, la conception que vous   dire, la
avez du mouvement dans un   conceptiō
boulet de canon, eſt une   d'ũ bou-
conception ſimple ſelon vous ;   let de canon mû,
& celle que ces Philoſophes ont   & celle
d'une couleur dans une certaine   d'une é-
étenduë, eſt auſſi une conception   tenduë
ſimple.   G ij   colorée.

Mais la vôtre eſt vraye : car
elle peut avoir, comme vous
le croyez, ſon objet hors de vous.

Et celle de ces Philoſophes
eſt fauſſe ! car il eſt impoſſible,
ſelon vôtre Philoſophie, qu'elle
ait ſon objet ré .llement, & veritablement exiſtant hors de l'entendement.

Donc il faut avoüer qu'on peut
avoir de ſimples conceptions qui
ſoient *fauſſes*, auſſi bien qu'on en
peut avoir qui ſoient *vrayes.* Et
l'on aura encore beſoin d'une regle, pour ſçavoir leſquelles on
doit ſuivre.

Reflec-
tion. Je dis plus, ſurquoy fondez-
vous la verité de nos jugemens, ſinon ſur ce qu'ils ne
comprennent que ce qui eſt enfermé dans les ſimples conceptions dont ils ſont tirez ? Nous
nous trompons, à ce que vous
dites apres, *lors que nous enfer-*
mons dans nos jugemens quelque
choſe de plus que ce qui eſt dans
nos premieres notions.

Mais ſi un jugement qui n'en-

ferme que ce qui eft dans nos
premieres conceptions n'eft jamais faux : en quoy pouvons-
nous dire que ce foit un faux
jugement de croire que la neige
a de la blancheur , ce jugement
ne contenant rien qui ne foit
enfermé dans la conception de
ceux qui fuivent le rapport de
leurs fens.

La premiere fois qu'un hom- ExEM-
me voit un bâton enfoncé obli- PLE.
quement dans de l'eau , il juge
que ce bâton eft courbé. Il fe
trompe , & vous ne doutez pas
qu'il ne fe trompe ; mais il n'enferme , dira-t'on , dans ce jugement que ce qui eft dans l'idée
fimple qu'il a de ce bâton tel
qu'il le voit : donc fon erreur
ne vient pas du jugement qu'il
fait , ce jugement eftant des plus
legitimes , puis qu'il ne s'étend
pas au dela de la conception fur
laquelle il eft fondé : donc fon
erreur vient de cette même conception qui luy reprefente ce

bâton comme *courbé*, au lieu qu'elle luy repreſenteroit ce bâton comme *droit* ſi elle étoit veritable.

CON-CLUSIÓ. En quoy nous voyons que les erreurs ſe reduiſent à ces pretendües premieres conceptions, puiſque des jugemens qui leur ſont tres-conformes peuvent être faux, & que *les jugemens*, ſelon vous, *ſont dans toute l'exactitude qu'on en peut exiger, lors qu'ils n'enferment rien de plus que ce qui eſt contenu dans ces premieres conceptions.* Et cela étant vôtre principe eſt douteux. car on n'eſt pas certain en le ſuivant, de s'exempter de l'erreur.

RIFLICTION Vous jugez que la figure eſt une *façon d'eſtre* de l'étendüe, parce que dans la conception de la figure, vous enfermez celle de l'étendüe ; mais s'il étoit poſſible qu'une figure pût eſtre ſans étendüe, comme une couleur peut eſtre ſans étendüe, ſuivant vôtre Syſtême (car une couleur peut eſtre ſans matiere,

n'eſtant qu'une façon d'eſtre de
l'ame) ne ſeriez-vous pas dans
une erreur qui viendroit de vôtre premiere conception ?

Une couleur , direz-vous, ne
ſçauroit eſtre conceuë, ny exiſter
ſans l'idée de l'étenduë , mais elle
peut exiſter ſans une étenduë
reelle : Regardez qu'on peut
vous dire la même choſe de la
figure. On vous accordera que la
figure ne ſçauroit eſtre conceuë
ſans l'idée de l'étenduë : mais on
pourra douter s'il eſt poſſible
qu'elle exiſte ſans une étenduë
reelle de même que vous aſſeû-
rez que la couleur peut exiſter.
Voila une difficulté qu'il eſt neceſſaire de ſurmonter ſoit qu'elle ait eſté propoſée *du temps de
nos peres , ou non.* Voyez ſi une
couleur ne ſuppoſe pas auſſi-bien
de l'étenduë qu'une figure en ſuppoſe? Voyez ſi on ne ſe trompe pas
en raportant des couleurs à des é-
tenduës exterieures, & ſi cela n'eſt
pas une erreur qui vienne d'une
premiere conception.

En troisiéme lieu, je découvre une équivoque, ou un embarras dans ce que vous dites de la verité de toutes nos simples conceptions.

Quand il seroit vray que nos simples conceptions ne seroient point fausses, il ne s'ensuivroit pas pour cela qu'elles fussent vrayes : Car elles ne sont à pro-proprement parler, ny *vrayes*, ny *fausses*, puis qu'elles ne contiennent, comme vous le supposez, aucune affirmation, ny aucune negation; autrement elles ne seroient pas simples; elles seroient meslées de quelques jugemens : car par tout où l'on affirme, & par tout ou l'on nie, on juge.

Donc si nos premieres conceptions ne sçauroient estre fausses, elles ne sçauroient non plus estre vrayes. Elles n'ont point d'objet auquel elles soient rapportées : ou si on les rapporte à quelque objet, on en fait une

bonne ou une mauvaife applica-
tion ; & alors on juge.

Prenons un exemple duquel
vous demeuriez d'accord : Lors PLE.
qu'on fe rep--
leur fans la rapporter à quelque
objet externe; ce que l'on conçoit n'eft ny vray, ny faux. Mais
lors que l'on conçoit cette chaleur comme attachée à quelque
corps éloigné de celuy qui la reçoit, on fe trompe : Et lors qu'on
la conçoit comme dans celuy
mefme qui la reçoit, ce que
l'on conçoit eft veritable. Dans
la troifiéme de ces fuppofitions,
on a la verité. Dans la feconde,
on eft dans l'erreur. Mais dans
la premiere, on n'eft ny dans la
verité, ny dans l'erreur.

De dire que les premieres conceptions font toûjours confor-
mes à leur objet, c'eft parler im-
proprement : & puis que vous
citez pour cela l'Ecole, vous
pouvez voir, Monfieur, que
tous les Scolaftiques ne font pas

d'accord fur ce point , & que
les plus éclairez, pour éviter l'é-
quivoque & l'obfcurité , foûtien-
nent que la *premiere apprehenfion :*
ils fe fervent de ce terme ; N'eft
point fufceptible de fauffeté , ny
de verité.

En effet ces fimples conceptions
ne font que ce que nous appel-
lons *premieres apparences des cho-*
fes. Ces premieres apparences
ne font ny vrayes , ny fauffes
quand nous n'en concluons aucune realité : & lors que nous
en concluons quelque realité,
nous jugeons. Donc ou il faut
reconnoiftre que ces pretendües
fimples conceptions ne font ny
vrayes , ny fauffes : ou que fi
elles font fufceptibles de *verité,*
il faut avoüer qu'elles le font
auffi de *fauffeté.* D'où il s'enfuit évidemment qu'elles ne fçau-
roient fervir de regles pour juger de la verité des chofes qui
font hors de nous.

EXA-
MEN.
Nous n'avons plus qu'à voir ce

que vous apportez lors que vous *De la*
pretendez passer au developpe- *preuve*
ment de ce principe general. Vous *du prin-*
avoüez d'abord que vous vous *il s'agit.*
jettez dans une extremité fort *Pag.* 60.
contraire à la pretention des A-
cademiciens. Ce qui *vous oblige*,
dites-vous , *de faire cesser leur*
scandal par les cinq reflexions
qui suivent.

La premiere est *qu'il est im-* I.
possible de penser à rien, & que
par consequent toute pensée *a*
un objet réel qui la termine.

Je répons qu'il est vray *qu'il est* R ε ' ν ο Ν ς
impossible de penser à rien : il faut s ε.
necessairement que nostre pen-
sée soit terminée par quelque
chose : mais prenez garde qu'elle peut estre terminée par de simples façons-d'estre de l'ame.
Quand nous concevons couleur, E x ε м ρ
plaisir, lumiere, douleur, cha- P L ε,
leur, nous concevons des idées,
ou des façons-d'estre de nostre
ame ; & l'on peut dire alors que
nous pensons à quelque chose ;

ar les idées font des eſtres, ou du moins ce font des façons-d'eſtre. Ce ne font pas enfin de purs neants.

Mais on ne *s'aviſe pas*, dites-vous en un autre endroit, *de ſon-ger à ſes propres idées*, & *l'on penſe connoiſtre des choſes*.

Cela eſt encore vray : mais c'eſt en cela qu'on ſe trompe; car on croit connoſtre des objets qui exiſtent hors de celuy qui penſe ; & l'on ne connoiſt que de pures idées.

La ſeconde reflection concerne les chimeres, & les eſtres de rai-ſon. Vous ſoûtenez que ce ne font pas les objets *des conceptions ſimples*.

Je veux bien vous l'accorder encore : mais voyez que ſi nous ne voulons point reconnoiſtre de fauſſeté dans ces ſimples con-ceptions, nous en excluons les veritez. Vous rapportez l'affir-mation qui fait l'erreur d'un eſtre de raiſon au jugement qui la ſuit.

suit. Rapportez aussi la verité
d'une bonne idée à une autre
affirmation qui la suit : Car sans
affirmation, ou sans negation,
point de verité, ny de fausseté,
puis que vous voulez que les
premieres conceptions soient é-
loignées de tout jugement.

En troisiéme lieu, apres avoir **III.**
fait un pas si hardi qui *donne du*
scandal aux Academiciens, vous
chancelez, Monsieur, & vous
commencez à craindre qu'on ne
vous accorde pas *que toutes les*
choses ausquelles nous pensons Pag.56.
existent hors de nostre entende- 57.
ment telles que nous pensons qu'el-
les sont. Vous vous appuyez de
la substance des choses, & vous
cherchez enfin à vous mettre à
couvert sous la puissance des
objets. Les Machines, les Palais
enchantez, & tant d'autres mer-
veilles que vous vous formez
ne sont donc plus qu'en puissance.

Autre chose est de dire que des RE'PON-
SE.

H

Machines, des Palais enchantez n'exiſtent qu'en puiſſance,
& de ſouſtenir, comme auparavant, qu'on doit eſtre auſſi aſſeuré que *toutes ces choſes exiſtent*
reellement hors de l'entendement,
& qu'elles ſont telles en elles-
mêmes qu'on les connoiſt : Qu'il
eſt *aſſeuré qu'on y penſe.* il y a
difference entre exiſter actuellement, & pouvoir ſeulement
exiſter. Je vois auſſi que l'ar-
deur que vous faires paroiſtre d'a-
bord ſe ralentit un peu.

Je vous accorde que les *modes*
ou *façons d'eſtres* ſont en *puiſ-*
ſance dans leurs ſujets ; mais
cela n'empeſche pas que nous ne
demeurions dans la meſme difficulté qu'auparavant : car il reſte
toujours à ſçavoir quelles ſont
les façons-d'eſtres que nous pouvons rapporter legitimement hors
de nous.

Et ſi nous rapportions hors de
nous toutes les façons d'eſtre
que nous connoiſſons par nos

page 57.
& enſui-
te.

premieres conceptions, nous fe-
rions dans l'erreur ; car nous
rapporterions hors de nous le
plaifir, la douleur, la chaleur,
&c. Il faut donc fcavoir difcer-
ner les façons d'eftres que nous
pouvons rapporter hors de nous,
de celles que nous ne pouvons
rapporter qu'à nous-mêmes ; &
c'eft retomber dans la difficulté
que vous voulez éviter.

En quatriéme lieu, vous pre-   III.
voyez que je vous objecteray
les tromperies des fens, & vous
dites, que l'erreur qui en pro-
cede eft un effet *des jugemens
précipitez*, & non pas des *conceptions fimples*.

Vous propofez l'exemple d'un
homme qui fe trompe en jugeant un bâton courbé qui luy
paroift eftre tel dans l'eau ; &
vous affeurez que cét homme fe
trompe, en ce qu'il fe precipite
à juger que ce bâton eft tel
qu'il luy paroift. *Il s'imagine
fauffement*, dites-vous, *qu'il con-*

noiſt tout ce qui eſt neceſſaire pour porter un jugement exact & Philoſophique de l'état actuel de ce bâton.

RE'PON-   Faites la meſme choſe que vous
SE.   voudriez que cét homme fiſt, pour ne point vous tromper à l'égard des choſes qui ſont hors de vous.

Lorsque cét homme croit qu'il peut juger de l'état reel de ce bâton par l'apparence qu'il en a, vous accordez qu'il *s'hazarde.* Ne vous hazardez pas non plus à juger des choſes qui ſont hors de vous ſur les apparences que vous en avez.

Si vous dites donc , *Tout ce qui eſt enfermé dans nos ſimples conceptions peut eſtre hors de nous , tel que nous le concevons,* vous tombez dans un jugement precipité pareil à celuy que vous condamnez vous-meſme dans cét homme.

Enfin vous tâchez de me garder,
V.   dites-vous, *de l'illuſion des pre-*
Pag. 68. *tendus neants connus.*

Il n'eſt pas neceſſaire de me deffendre de cette illuſion ; jamais je ne me ſuis figuré qu'on pût connoiſtre le *neant* , ny les *neants* : on ne peut connoiſtre que des idées , ou des choſes par des idées.

Quand vous dites que , *ſi ce qu'on connoiſt , lors qu'on croit connoiſtre quelque choſe , ne pouvoit eſtre hors de l'eſprit qui le connoiſt* ; il s'enſuivroit *qu'on ne connoiſtroit rien* ; ce qui eſt impoſſible, remarquez-vous , *parce qu'il eſt neceſſaire qu'une choſe ſoit connoiſſable avant qu'elle ſoit connuë actuellement , & que le neant ne peut eſtre connu* ; & que *par conſequent toute penſée a un objet reel qui la termine.*

Voyez ſi ce raiſonnement conclud autre choſe ſinon que vous prenez des idées pour de purs neants.

Un homme qui connoiſt de la chaleur & de la douleur , connoiſt-il un neant ? ne connoiſt-

H iij

il rien du tout ; parce que cette
chaleur , & cette douleur qu'il
connoiſt ne ſçauroit eſtre hors
de luy ?

REFLEC-
TION.
Vous reconnoiſſez que des façons d'eſtre de noſtre ame , & de
ſimples idées ſont quelquefois
l'objet de noſtre connoiſſance ;
d'où vous concluez que l'homme
ſe connoiſt par les ſens encore
mieux qu'il ne connoiſt par cette
meſme voye les choſes qui ſont
hors de luy, qu'il ne découvre
Pag.102.
le plus ſouvent que comme des
je ne ſçay quoy, qui agiſſent ſur
luy ! Si donc l'objet de la connoiſſance humaine peut eſtre
quelquefois de ſimples idées ;
ou ces idées ſont de purs neants;
& alors le plus grand argument
ſur lequel vous établiſſez voſtre
Syſteme eſt renverſé : Ou ſi ces
idées ne ſont pas de purs neants,
vous n'avez donc pas droit d'aſſeurer que ſi on ne connoiſſoit des
choſes qui puſſent exiſter hors de
noſtre eſprit, on ne connoiſtroit

rien du tout ; puis qu'on con-
noiftroit enfin des idées : En
quoy vous voyez affez, fi je ne
me trompe, que ce pretendu principe n'eft fondé que fur une
équivoque touchant le mot de
quelque chofe : car par ce mot on
entend determinement ce qui
peut exifter independamment de
tout efprit crée ; c'eft à dire ce
qui n'eft point chimere, ou eftre
de raifon : & quelquefois on entend auffi-bien les chimeres, les
penfées, les idées, les propofi-
tions, ou tout ce qu'il vous plaira, pourveu que cela ne foit pas
un pur neant : Ainfi les idées
font *quelque chofe*, la *douleur*
eft *quelque chofe*, *& le plaifir eft
encore quelque chofe*, quoy que
tout cela ne puiffe exifter hors
des eftres penfans qui les con-
noiffent.

Concluons donc que nous Conclu-
ne fommes point affeurez, fi nos sion.
premieres conceptions nous reprefentent les chofes qui font

hors de nous , comme elles font
en elles-mefmes; d'où il s'enfuit
que nous ne fommes pas plus
avancez pour la connoiffance de
la verité que l'on eftoit *du temps*
de nos peres , fi nous n'avons
point d'autre principe que celuy
que nous venons d'examiner.

VOila , Monfieur , ce que je
vous prie de confiderer; c'eft
le fruit de la Meditation que vous
m'avez prefentée par voftre Critique ; & c'eft auffi en revanche
une autre Meditation que je vous
prefente.

Vous n'ignorez pas la joye &
le contentement que les Philofophes reçoivent quand ils voyent
que l'on travaille avec eux à la découverte de la verité qui leur eft
fi chere : C'eft ce que vous avez
fait, Monfieur ; d'une maniere
qui engage affez à vous en loüer.
Le public vous refte obligé du
moins de la bonne volonté que

pag. 71.

vous avez témoignée de luy
montrer *le chemin qui conduit
aux connoissances solides* que tout
le monde souhaite si fort : & je
vous suis à jamais redevable de
toutes les lumieres que j'ay pû
tirer de vos sçavantes reflec-
sions.

F I N.

Extrait du Privilege du Roy.

PAR Grace & Privilege du Roy, donné à Versailles le 11. de Septembre 1676. Signé, DALENCÉ ; il est permis à Mr. ***, de faire imprimer, vendre & debiter ; Les suites des Critiques, Réponses ou Dissertations ; Sçavoir , la Reponse à la Critique de la Critique de la Recherche de la Verité, &c. Et deffenses sont faites à tous Imprimeurs, Libraires, & autres, de les imprimer, vendre & debiter sans le consentement dudit Exposant , à peine de trois mille livres d'amende , confiscation des Exemplaires , & de tous dépens , dommages & interests , & ce durant le temps de sept années , ainsi qu'il est plus au long porté par ledit Privilege.

Registré sur le Livre de la Communauté des Imprimeurs & Libraires le 16. Septembre 1676. Signé, THIERRY, Syndic.

Les Exemplaires ont esté fournis.

Achevé d'imprimer pour la premiere fois le 15. Iuin 1679.

Ledit sieur *** a cedé le droit de son Privilege à R. I. B. de la Caille , suivant l'accord fait entr'eux.